ROBINET DE CLÉRY

LA QUESTION

DE CHAMBORD

AU

POINT DE VUE DU DROIT

PARIS

LIBRAIRIE VICTOR PALMÉ

76, rue des Saints-Pères, 76

1886

ROBINET DE CLÉRY

LA QUESTION

DE CHAMBORD

AU

POINT DE VUE DU DROIT

PARIS

LIBRAIRIE VICTOR PALMÉ

76, rue des Saints-Pères, 76

1886

LA
QUESTION DE CHAMBORD
AU POINT DE VUE DU DROIT

Ce mémoire s'adresse à tous les hommes de bonne foi, sans acception de parti, qui regardent le respect du droit comme un devoir et une force pour une nation.

La question de la propriété du domaine de Chambord a été soulevée, de la manière la plus inattendue, près de trois ans après la mort de Monsieur le comte de Chambord. La transmission en avait eu lieu en 1883 au profit de ses légataires universels sans qu'aucune réclamation se fût produite. L'État n'avait fait aucune réserve en percevant 375,000 francs de droits de mutation. Loin de là, le directeur des domaines de Blois avait déclaré « *incontestable,* » dans une brochure publiée en 1884, que Monsieur le comte de Chambord était propriétaire de Chambord à titre privé. « Le gouvernement de la République, avait-il ajouté, n'a jamais songé à mettre le séquestre sur cette propriété. »

La mort de Madame la comtesse de Chambord, mettant fin à son usufruit, n'avait rien pu changer au fait accompli de cette transmission légale. Il ne pouvait y avoir ni motif ni prétexte de revendication, lorsque tout à coup, en avril 1886, une polémique de presse, qui n'a eu pour origine aucune manifestation d'une prétention quelconque de la part du gouvernement, a cherché à égarer l'opinion en altérant les faits, en dissimulant les précédents les plus considérables et en donnant aux actes un sens qu'ils ne pouvaient avoir.

Quoique tout ait été dit, de part et d'autre, au cours de cette polémique, il n'est pas inutile de résumer, en droit, et en faisant abstraction de toute préoccupation politique, la situation légale de la propriété de Chambord.

I

LE TESTAMENT DE MONSIEUR LE COMTE DE CHAMBORD. — SES HÉRITIERS.

Monsieur le comte de Chambord est mort à Frohsdorf, le 24 août 1883. Par un testament du 4 juin précédent, il avait institué les deux fils de sa sœur ses légataires universels.

Connaissant les sentiments de ses neveux, sachant avec quel scrupule ils s'inspireraient de ses intentions, il n'avait pas pris de dispositions spéciales pour le domaine de Chambord compris dans son hérédité. Il leur laissait la garde de ce souvenir si précieux pour lui, de ce château historique dont il avait voulu porter le nom pendant son long exil.

Les légataires universels de Monsieur le comte de Chambord sont deux princes de la branche aînée de la maison de Bourbon, d'origine française. Ils sont par leur père descendants directs de Louis XIV. Leur branche a été appelée par des traités à d'autres couronnes. Par leur mère, ils sont les petits-fils du duc de Berry, et les arrière-petits-fils de Charles X, dernier roi de France.

Etrangers à la politique française, ils se sont toujours tenus à l'écart des querelles de parti. Le duc Robert de Parme a vécu pendant de longues années à Biarritz, où il a laissé, de l'aveu de tous, le souvenir d'un prince affable et bienfaisant. « Son long séjour à Biarritz, disait un journal républicain, révolté de la campagne entreprise contre ses droits de propriété, a permis d'apprécier ses hautes qualités, et la considération générale l'entoure, venant de tous les partis, car il s'est placé en dehors d'eux.... C'est un prince absolument éloigné des intrigues de la politique et tout entier à son foyer, un caractère plein de réserve, d'une droiture absolue, fuyant le bruit et l'éclat, et qu'absorbe uniquement le sentiment du devoir. »

Tout imposait à Monsieur le comte de Chambord le choix qu'il a fait : la confiance, l'affection, les liens du sang, et aussi le respect des sentiments qui avaient inspiré en 1820 la souscription de Chambord.

Pour apprécier sainement ce qu'ont voulu les souscripteurs de 1820, il ne faut pas se laisser entraîner par les tendances actuelles de l'opinion. Deux événements avaient profondément ému les esprits : l'assassinat du duc de Berry, la naissance de son fils, le duc de Bordeaux. Victor Hugo et Lamartine exprimèrent dans d'admirables odes la vivacité du sentiment public. La pensée de la souscription était née de l'initiative privée : une commission s'organisa pour la perception des fonds. Le roi Louis XVIII, sur le rapport du comte Siméon, ministre de l'intérieur, tint à faire supprimer, dans le règlement préparé par cette commission, tout ce qui pouvait paraître une invitation officielle, une contrainte morale.

Le rapport du comte Siméon, en date du 20 décembre 1820, le déclarait expressément :

« Les souscripteurs réunis ont projeté un règlement qu'ils se proposent de publier après qu'il aura reçu l'approbation nécessaire.

« Leur dessein est de proposer à toutes les communes du royaume, aux corps et corporations et aux particuliers de se joindre à eux pour contribuer à l'acquisition ;

« D'écrire circulairement pour cela à tous les préfets, à tous les maires des chefs-lieux de département ; d'inviter les préfets et sous-préfets à communiquer la circulaire dans les arrondissements et les communes, et à faire connaître à une commission d'exécution les délibérations qui seront prises.

« Ces dispositions sont susceptibles de quelques observations que je dois présenter à Votre Majesté.

« Plusieurs conseils généraux de département et beaucoup de conseils municipaux ont prévenu le vœu des souscripteurs. D'autres imiteront les exemples donnés sans avoir besoin d'y être excités. S'il en est qui ne les suivront pas, ils ne manqueront pas pour cela d'attachement et d'amour pour le Roi et sa dynastie. Ils seront retenus par le défaut de moyens. Le denier du pauvre mérite d'être accueilli comme le tribut du riche, mais il ne faut pas le demander. Il serait à craindre qu'on ne vit une sorte de contrainte dans une invitation si solennelle, venue de si haut, au nom de personnages importants qui s'occuperaient à donner une si vive impulsion et à tous les administrateurs et à tous les administrés. Des dons qui ne sont acceptables que parce qu'ils sont spontanés paraîtraient peut-être commandés par des considérations qui doivent être étrangères à des sentiments dont l'expression n'aura plus de mérite si elle n'est entièrement libre. Il me semble donc que, sans rien empêcher, il faut soigneusement éviter tout ce qui pourrait donner prétexte de croire que le gouvernement désire que les communes s'engagent. Elles doivent consulter les moyens des contribuables bien plus que leur zèle. Celles qui ne trouveront pas des moyens suffisants ne seront pas vues de moins bon œil que celles à qui leurs ressources permettront de se livrer à leurs sentiments. »

Le règlement de la souscription fut modifié en ce sens. Tout appel aux départements et aux communes fut supprimé. Lorsque, dix ans plus tard, Charles X se détermina à accepter pour son petit-fils l'offre du domaine de Chambord, il put dire en toute sincérité :

« Au moment où le Roi, mon frère, apprit l'intention qu'avait la France d'offrir au jeune enfant qui venait de naître le domaine de Chambord, son premier mouvement fut la crainte de charger ses peuples d'une dépense nouvelle. Mais l'impulsion était donnée, et, quelque chose que nous ayons pu faire dans le principe pour contenir cet élan, rien n'a pu l'arrêter. »

Cette manifestation d'attachement monarchique saisissait avec bonheur l'occasion de sauver de la destruction un monument historique, dévasté lors de la révolution, et dont la ruine était imminente.

La composition des conseils généraux et des conseils municipaux, le mode de nomination des conseillers n'étaient pas ce qu'ils sont aujourd'hui. Le fait que les sentiments de ces conseils auraient changé ne peut modifier les conséquences légales de leurs actes anciens, ni porter atteinte à des droits acquis.

Les souscripteurs royalistes de 1820 ne prévoyaient pas sans doute la révolution qui, dix ans plus tard, devait exiler le duc de Bordeaux. Ceux à qui la pensée serait venue qu'il pouvait mourir sans avoir régné et sans laisser d'enfants savaient qu'en ce cas ses héritiers seraient sa sœur et les descendants de sa sœur. Personne ne stipula, pour cette éventualité, un droit de retour contre lequel se serait soulevé le sentiment unanime des souscripteurs. Ceux qui s'étaient réjouis de la naissance du duc de Bordeaux n'étaient pas moins attachés à la jeune princesse, de deux ans plus âgée que son frère. Si l'on était venu dire aux souscripteurs de 1820 qu'un jour ces deux princes, chassés de France, mourraient en exil, et que leurs malheurs

serviraient de prétexte pour contester à leurs héritiers la conservation de Chambord, ils auraient sans
aucun doute énergiquement protesté. L'hommage
était fait par eux au duc de Bordeaux avec l'espé-
rance qu'il régnerait un jour, mais sans condition,
pour la bonne et pour la mauvaise fortune.

Lorsqu'en 1859 Louise - Marie - Thérèse de
Bourbon, devenue duchesse régente de Parme, dut
quitter son duché, elle se retira près de Monsieur le
Comte de Chambord, son frère, dont elle avait partagé
l'exil en 1830, et avec qui elle avait passé les pre-
mières années de sa jeunesse. A sa mort presque
subite, en 1864, elle lui remit dans les derniers
embrassements de son agonie la garde de ses enfants mineurs.

C'est à ceux-ci qu'à son tour Monsieur le comte de
Chambord mourant a voulu remettre la garde des
plus chers souvenirs de sa vie.

On ne peut leur refuser le droit d'être proprié-
taires en France. La loi du 10 avril 1832 qui les
obligeait, comme descendants du roi Charles X, « à
vendre d'une manière définitive tous les biens, sans
exception, qu'ils possédaient en France, » a été
abrogée par la loi du 8 juin 1871.

La transmission du domaine de Chambord ne
rencontre donc en leur personne aucun obstacle
légal.

II

LA SITUATION LÉGALE DU DOMAINE DE CHAMBORD
LORS DE LA SOUSCRIPTION

Chambord, réuni au domaine de l'État en 1790 comme tous les domaines de la couronne, après diverses vicissitudes, fut attribué le 15 août 1809 comme majorat au prince de Wagram. Une rente de 500.000 francs, à prélever sur les droits de navigation du Rhin, formait la dotation de ce majorat, avec obligation d'affecter, pendant cinq ans au moins, les revenus de la dotation à la restauration du château qui devait être remis dans l'état où il était avant 1789.

Cette charge était très lourde. Elle devint écrasante lorsque les événements de 1814 eurent supprimé la dotation de 500.000 francs. La restauration du château était estimée à 6 ou 7 millions. En 1793, à l'occasion de la vente du mobilier ordonnée par le district de Blois, cette somptueuse résidence avait été complètement saccagée. « On arrachait, dit un des historiens de Chambord, M. de la Saussaye, jusqu'aux lambris qui garnissaient les murailles, jusqu'aux parquets des appartements, jusqu'aux volets des fenêtres, jusqu'aux chambranles des cheminées. Les portes de l'intérieur, si riches d'ornements, étaient jetées dans le feu allumé dans la salle d'adjudication avec les cadres des tableaux, et ceux-ci étaient souvent déchirés avant d'être vendus. Les chambranles des cheminées avaient été fendus par la violence du feu... »

Pendant la vie du prince de Wagram, mort en 1815, les vieilles futaies du parc furent abattues, mais le château resta à l'état de ruine. La princesse de Wagram, devenue veuve, avança les coupes de bois ; elle défricha les taillis, faisant argent de tout. Succombant sous le poids de ses charges, elle obtint de Louis XVIII une ordonnance l'autorisant à vendre Chambord.

L'État ne pouvait pas en devenir acquéreur pour le conserver. L'article 96 de la loi du 15 mai 1818 obligeait la régie à mettre en vente les biens-fonds composant le domaine extraordinaire. Il n'était pas moins impossible d'aider la princesse de Wagram à entretenir convenablement un monument si onéreux.

Le *Moniteur* rappela qu'en cas de retour Chambord aurait fait partie des biens du domaine extraordinaire dont la loi du 15 mai 1818 ordonnait la vente. Le domaine extraordinaire était dans l'impuissance de subvenir aux charges considérables dont il était alors grevé. Les revenus en étaient réservés aux militaires amputés ou hors de service et à leurs veuves. Le législateur de 1818 avait pensé qu'en ordonnant la vente des biens-fonds et leur remploi en rentes, on obtiendrait un revenu plus considérable à affecter à cette destination patriotique et charitable.

L'ordonnance de Louis XVIII, rendue le 11 août 1819, un an avant la naissance du duc de Bordeaux, alors que la pensée de la souscription n'était venue à l'esprit de personne, décida que le prix de l'adjudication de Chambord serait versé à la caisse des dépôts et consignations pour être employé en acquisition de rentes sur l'Etat à immobiliser au nom du prince de Wagram, mineur, et faire retour au domaine public en cas de décès de ce prince sans enfant mâle.

Les intérêts de l'État étaient ainsi entièrement sauvegardés, le droit de retour à son profit se trouvant transporté du domaine sur la rente.

Chambord devait être affranchi de toute clause de retour entre les mains du futur acquéreur, quel qu'il fût. Celui-ci, en payant son prix d'adjudication, devenait propriétaire pur et simple, à titre privé : l'État ne pouvait, en effet, conserver à la fois son droit de retour sur la chose vendue et sur son prix.

Après une minutieuse estimation, la mise à prix fut fixée par jugement à 1.301.000 francs. La vente fut faite en présence d'un délégué des domaines : elle produisit une somme principale de 1.542.000 fr. L'adjudicataire fut la commission générale de la souscription pour l'acquisition de Chambord, laquelle déclara dans l'acte notarié « que l'acquisition était faite pour être fait hommage dudit domaine, au nom de la France, à S. A. R. Mgr le duc de Bordeaux, au profit duquel il était acheté dès à présent. »

Le prix fut employé, conformément à l'ordonnance royale, en acquisition de rentes au nom du prince de Wagram qui vit encore aujourd'hui et qui a des descendants mâles. Ces rentes sont toujours grevées du droit de retour au profit de l'État.

La commission trouva Chambord dans un état

indescriptible de destruction et de ruine. Toutes les baies étaient béantes, dépourvues de clôtures, les terrasses dégarnies de plomb, et les couvertures, privées d'entretien depuis de longues années, laissaient pénétrer si abondamment la neige et la pluie à l'intérieur que la destruction, commencée par les hommes, y continuait rapidement son œuvre. Les cours étaient encombrées de débris de toute sorte : les amoncellements de pierre et de bois s'élevaient à plusieurs mètres de hauteur.

Madame la duchesse de Berry vint poser la première pierre des travaux de restauration du château. Ils furent brusquement interrompus par la révolution de 1830 qui exila le duc de Bordeaux et qui apporta à sa possession un trouble profond.

III

LE CARACTÈRE LÉGAL DE LA PROPRIÉTÉ DE CHAMBORD. — PROPOSITIONS LÉGISLATIVES. — TENTATIVE DE CONFISCATION. — REVENDICATION JUDICIAIRE.

Sous le gouvernement de juillet, les droits de propriété du duc de Bordeaux furent soumis à la triple épreuve de propositions législatives, d'une tentative de confiscation administrative et d'une revendication judiciaire.

Ces entreprises aboutirent à la consécration la plus solennelle du caractère de propriété privée, sans condition ni droit de retour, du domaine offert au duc de Bordeaux.

Le *Moniteur* des 16-17 décembre 1830 avait publié le texte d'un projet de loi déposé le 15 à la Chambre des députés par le président du conseil des ministres. Ce projet contenait un article 8, ainsi conçu :

« Le domaine de Chambord, accepté par le roi Charles X à titre d'apanage pour le duc de Bordeaux, sera réuni au domaine de l'État. »

Le 19 décembre, le *Moniteur* inséra une note rectificative :

« C'est par erreur que, dans notre numéro du 17 de ce mois, nous avons pris pour texte du projet de loi relatif à la liquidation de l'ancienne liste civile un exemplaire de l'imprimé distribué à la Chambre des députés. Cette copie était fautive. Nous rétablissons ici le texte du projet de loi, tel qu'il a été signé par le roi et présenté par M. le ministre des finances dans la séance du 15 à la Chambre des députés. »

Dans ce texte rectifié, l'article confisquant Chambord avait disparu.

Le 10 février 1834, le baron de Schonen reprit, sous forme d'amendement, la proposition abandonnée en décembre 1830.

La Chambre se montra défavorable à une mesure de confiscation déshonorante, disait-on, pour le gouvernement de juillet. Un député, M. Laurence, fit remarquer que « les apanages ne sont autre chose qu'une distraction temporaire du domaine de l'État accordée à un prince pour en jouir, ainsi que ses successeurs, jusqu'à l'extinction de sa race. »
— « Pour que l'État, ajoutait-il, puisse réclamer le droit de retour, il faut qu'il ait donné, il ne fait que

reprendre ce qui lui appartient. Dans le cas particulier dont nous nous occupons, il s'agit d'un don fait par des tiers à un prince et accepté par le chef de la famille à laquelle appartenait le prince à qui la libéralité était destinée. »

La proposition de M. de Schonen fut repoussée : elle ne se reproduisit plus.

Dans l'intervalle une tentative de confiscation administrative n'eut pas meilleur succès.

Le conseil des ministres décida, le 1ᵉʳ décembre 1832, que le domaine de Chambord serait immédiatement mis sous séquestre et qu'il en serait pris possession au nom de l'État. Les journaux publièrent la lettre du ministre des finances, enjoignant au directeur général des domaines « de faire toutes les dispositions nécessaires pour l'exécution de cette décision. »

Le 3 décembre, le préfet de Loir-et-Cher prit un arrêté prescrivant d'apposer les scellés sur les titres, papiers et deniers existant dans le domaine, et le 5 décembre un inspecteur des domaines se présenta au château pour exécuter cette opération. Il dressa procès-verbal de sa prise de possession.

Les représentants du duc de Bordeaux résistèrent et se rendirent en référé devant le président du tribunal de Blois.

L'ordonnance de ce magistrat fit défense d'apposer les scellés et de procéder aux opérations relatées dans les conclusions du directeur des domaines. Elle enjoignit de retirer le gardien placé à Chambord.

Il ne fut pas tenu compte de cette ordonnance : le séquestre fut maintenu, et un second arrêté préfec-

toral du 9 janvier 1833 rejeta la demande de mainlevée formée par le régisseur de Chambord.

Il fallut plaider. On alla d'abord au possessoire
devant le juge de paix de Bracieux.

Le 21 février 1833, ce magistrat déclara le duc
de Bordeaux non recevable dans sa demande en
maintenue possessoire, le renvoyant à se pourvoir
devant les tribunaux ordinaires sur la question de
propriété, et pour faire prononcer, s'il y avait lieu,
mainlevée de la prise de possession faite au nom
de l'État.

Le sequestre fut ainsi prolongé pendant plus
d'une année. Le 19 février 1834, sur l'appel du duc
de Bordeaux, le tribunal de Blois réforma le jugement du juge de paix de Bracieux. Il donna mainlevée du sequestre apposé sur le domaine de Chambord, et maintint le duc de Bordeaux « dans la possession pleine et entière de ce domaine. »

Les procédés violents n'ayant pas abouti, la régie
se détermina à engager une action judiciaire. Le
tribunal de Blois fut dessaisi et l'affaire fut ren-
voyée à Orléans. Elle fut soumise à tous les degrés
de juridiction.

Le 4 mai 1839, la cour d'Orléans, confirmant un
jugement du tribunal d'Orléans, déclara que l'expression d' « apanage, » employée dans un certain
nombre de délibérations prises ou de vœux émis
par les souscripteurs, et n'existant pas dans d'autres, « n'était de la part de ceux qui l'avaient employée qu'une dénomination de la libéralité dont
ils faisaient hommage, qu'elle ne l'affectait pas dans
son essence pour imposer un droit de retour qui
n'était ni dans leur pensée ni dans les besoins pro-

bables de l'époque. » Elle décida que l'acceptation « n'avait été qu'un acte de famille émané du roi Charles X, exerçant à l'égard du prince donataire les droits de la puissance paternelle, et non un acte du pouvoir souverain. »

— « L'action de la Régie, dit M. Dupin devant la Cour de cassation, saisie d'un pourvoi contre cet arrêt, s'appuie, il faut le dire, sur les motifs les plus futiles.

« Ce domaine, vous a-t-on dit, a été acheté avec les deniers provenant d'une souscription; cette souscription, par sa généralité, a eu un caractère national : des conseils municipaux, des conseils généraux ont souscrit, et les deniers qui sont provenus de ces dons sont valablement des deniers publics. » Comment la régie, si intelligente dans la distinction à établir entre les diverses natures de biens, et dans ce qui constitue le domaine public et les revenus de l'Etat, a-t-elle pu se méprendre au point de considérer les deniers provenant d'une souscription comme le produit d'une contribution publique? Il n'en est rien assurément. »

M. Dupin rappela qu'on avait qualifié aussi les souscriptions ouvertes pour les enfants du général Foy et pour M. Laffitte, de souscriptions nationales. « Elles n'ont pas moins, dit-il, conservé le caractère d'actes privés... Il en est de même pour Chambord. »

Et il conclut en disant :

« M. le duc de Bordeaux n'apparaît ici que comme un mineur ordinaire défendant son droit. Heureusement pour lui le titre honorifique d'apanage n'a point pesé sur sa terre : s'autoriser de ce titre mensonger pour la lui enlever, ce serait une confiscation contraire à nos lois, à nos mœurs, à l'esprit équitable et modéré de notre gouvernement ; ce serait un acte contraire au droit particulier, au droit évident de la cause. Cette propriété lui appartient légitimement : il en a la libre disposition. »

Par arrêt du 3 février 1841, la Cour de cassation donna raison à M. Dupin, et le pourvoi de la régie fut rejeté.

Les droits de propriété privée de Monsieur le comte de Chambord, sans condition ni clause de retour, ont ainsi reçu la consécration de ce qu'il y a de plus puissant dans nos institutions judiciaires : un arrêt souverain ayant acquis l'autorité de la chose jugée.

Le *Journal des Débats* ne se trompait pas lorsque, au cours de la polémique de 1886, il disait :

« Au point de vue du droit de propriété, aucun recours n'est possible. Les revendications des souscripteurs n'auraient aucune chance d'être prises en considération. »

IV

L'EXPROPRIATION POUR CAUSE D'UTILITÉ PUBLIQUE.

Si les légataires de Monsieur le comte de Chambord ne défendaient qu'un intérêt matériel, rien ne pourrait leur être plus avantageux qu'une mesure d'expropriation. Chambord est une propriété ruineuse. Résolus à y continuer les œuvres de leur oncle, ils y suffiront à peine en y consacrant tous les revenus du domaine.

Mais ils obéissent à une pensée plus haute. Ils sont les gardiens d'un dépôt sacré, et ils le défendent contre leur propre intérêt.

Il est très vrai qu'une loi toute récente donne au gouvernement des droits très étendus pour la conservation des monuments historiques.

L'immeuble classé ne pourra être détruit, même en partie, ni être l'objet d'un travail de restauration, de réparation ou de modification quelconque, si le ministre des beaux-arts n'y a donné son consentement.

Pour conserver un monument classé, le gouvernement aura le droit de recourir à l'expropriation. Il pourra même poursuivre l'expropriation des monuments qui seraient de sa part l'objet d'une proposition de classement refusée par le propriétaire.

Il est à peine besoin d'insister sur les difficultés auxquelles donnerait lieu l'exercice de ce droit d'expropriation et sur les charges énormes qu'il entrainerait pour le Trésor.

Le droit de l'Etat ne s'applique qu'au monument. L'expropriation ne pourrait atteindre les parties productives du domaine, telles que les bois et les fermes. Il faudrait payer le château de Chambord dans l'état de restauration dû à un demi-siècle de dépenses ininterrompues, puis trouver des ressources pour subvenir à son coûteux entretien. Aménager ce monument pour un service public entrainerait des frais excessifs et compromettrait la conservation de ses richesses artistiques.

Quant à l'expropriation totale du domaine, outre sa difficulté légale, elle aurait pour résultat le paiement d'une indemnité dont le chiffre du dernier droit de mutation suffit à indiquer l'importance. Les évaluations de l'administration ont atteint une somme de près de cinq millions, ce qui est un minimum, la capitalisation de revenus adoptée par la régie étant inférieure à la valeur vénale des immeubles, surtout à Chambord où les terres sont louées à très bas prix.

Depuis 1821, en effet, Chambord a été transformé. Les travaux effectués ont absorbé et souvent dépassé les revenus du domaine.

Les cours ont été déblayées, les terrasses recouvertes de bitume, en attendant les couvertures de plomb. Toutes les baies ont été closes par des croisées avec vitraux et avec volets. Plusieurs grands combles ont été entièrement refaits et recouverts à neuf. L'aile sud-ouest des communs, recouverte de mansardes sous Louis XIV, a été rendue à sa forme primitive de terrasse ornée de balustres.

La balustrade en pierre de la grande terrasse du château a été refaite également à neuf sur presque tout son immense périmètre.

Hors du château, la reconstruction de l'église, la fondation de deux écoles et d'un asile pour les veuves, la création de vingt lieues de routes et d'allées plantées d'arbres, l'entretien d'une muraille de plus de huit lieues de circuit témoignent de la sollicitude du propriétaire de Chambord. Par ses ordres, des travaux considérables d'assainissement et de curage ont assuré une salubrité parfaite à cette contrée, autrefois malsaine et fiévreuse.

Quoique absent, Monsieur le comte de Chambord veillait à tout. Dès que nos premiers désastres militaires firent prévoir l'invasion de la France, il écrivit le 22 août 1870 au président de la société internationale de secours aux blessés pour mettre son domaine à la disposition des victimes de la guerre : « J'offre, disait-il, pour asile aux soldats blessés le château de Chambord, que la France m'a donné en des temps plus heureux, et dont j'aime à porter le nom en souvenir de mon pays. »

Depuis sa mort, malgré la lourde charge des droits de mutation, les travaux d'entretien et de restauration, dirigés par M. Victor Desbois, ne se sont pas ralentis. Ils sont, à l'heure actuelle, en pleine activité. Les crédits dépensés en 1883, 1884 et 1885 ont été plus élevés que ceux d'aucune des années précédentes. Les grands planchers de la salle des gardes ont été entièrement descendus, fortement consolidés et remis en place. Plusieurs grands combles ont été refaits à neuf, entre autres celui de la tour François Ier avec sa lanterne richement ornée.

Tous les hommes du métier qui visitent Chambord témoignent de leur admiration. Les architectes de l'État savent mieux que personne avec quel soin consciencieux se poursuit cette restauration, sans qu'il en coûte rien au Trésor; restauration qui conserve à la France et aux arts l'admirable monument qualifié si justement par M. Viollet-Leduc de « Colossal Caprice. »

C'est Monsieur le Comte de Chambord qui a sauvé de la ruine le château dévasté en 1793; c'est lui qui a dû réparer à ses frais les actes de vandalisme de

1830, rétablir la fleur de lys du grand escalier qui avait été détruite, ainsi que les H couronnés de Henri II, qu'une animosité puérile avait fait effacer sur les voûtes et sur les murailles.

Ses héritiers continueront son œuvre. En douter serait une offense que rien ne justifie.

V

Il faut rendre au gouvernement de la République la justice qu'il n'a manifesté sous aucune forme l'intention d'entrer dans une voie d'inique et inutile spoliation. Devant le Sénat, le rapporteur de la nouvelle loi sur les monuments historiques a déclaré « qu'une pareille idée n'était jamais entrée dans un esprit judicieux. » M. Turquet, sous-secrétaire d'État, a adhéré à cette déclaration. Chose triste à dire ! Ce ne sont pas des journaux républicains qui ont accusé Monsieur le Comte de Chambord d'avoir manqué à « un devoir de famille et de patriotisme, » en léguant à ses neveux le château de Chambord.

Si, à la longue, sur un exposé des faits inexact et incomplet, quelques-uns ont fait écho à ces injustes reproches, beaucoup se sont abstenus. D'autres ont condamné nettement des récriminations « qui passent la permission et qui atteignent le défi à la conscience publique. »

Sous quel prétexte, en effet, le parti républicain épouserait-il de vieilles rancunes contre la souscription de 1830 ?

Il était mieux inspiré et il s'honorait davantage

quand, dans le journal le *Voltaire*, il rendait, le 4 juillet 1883, au milieu de l'émotion de l'Europe, le plus éloquent hommage au prince qui allait mourir :

« Henri de Bourbon, disait-il, possédait l'une des qualités que la France, de nos jours, doit le plus souhaiter dans un chef de l'État français. Non seulement il était lui-même intègre, mais, roi réel, il eut su faire que tout le monde, autour de lui et dans le gouvernement, le fût comme lui. Il détestait de toute la haine d'une âme vertueuse et droite les faiseurs, les gens d'intrigue et les maltôtiers, qui sont les trois pestes de la France contemporaine. Et c'est peut-être cet instinct dominant d'honnêteté, qu'on lui connaissait trop, qui a été le principal obstacle au succès de la restauration royale en 1873.. »

« ..Pendant qu'ici l'on va s'agiter dans le vide, ce qui meurt là-bas, c'est une grande chose : la monarchie française emportant avec elle, et cette fois sans retour, le drapeau de la vieille France et des Bourbons. Salut pour la dernière fois à ce noble drapeau !

« Salut au drapeau d'Ivry où fut gagnée la bataille de la liberté de conscience, et d'York-Town, où fut gagnée la bataille de l'indépendance des peuples !

« Salut au drapeau qui, dans les plus hauts temps de gloire, laissa tomber sur nous de ses plis et Lille et Perpignan, et Besançon et Strasbourg !

« Salut au drapeau que Québec n'a pas oublié et qui un jour subjugua Madras !

« Salut, salut pour toujours !

« Plutôt que de le jeter dans un coin comme un chiffon hors d'usage, ce drapeau de ses pères et des nôtres, Monsieur le Comte de Chambord n'a pas voulu régner.

« Si le sublime romanesque de l'histoire pouvait être pratiqué par les gouvernements et compris par leurs adversaires, la République réclamerait l'honneur d'ensevelir elle-même à Saint-Denis celui qui fut le Comte de Chambord; elle envelopperait de l'étendard blanc aux fleurs de lys d'or la dépouille mortelle; elle placerait dans le cercueil de plomb le sceptre et la couronne, et, sur le marbre renfermant les restes du roi de Frohsdorf, elle graverait l'inscription :

« Cy-git le dernier des rois de France ! Cy-git la monarchie française ! »

Le tombeau de Monsieur le Comte de Chambord est à Goritz, sur une terre étrangère. Le château de Chambord, silencieux comme un tombeau, est sur la terre de France comme l'unique et dernier souvenir du prince qui a porté son nom.

La garde doit en rester à ceux qu'il a choisis.

PARIS. — IMP. V. GOUPY ET JOURDAN, RUE DE RENNES, 71.